ELECTRICIDAD

SECRETOS DE LA CIENCIA

Jason Cooper
Versión en español de Aída E. Marcuse

The Rourke Corporation, Inc.
Vero Beach, Florida 32964

FOTOGRAFÍAS:
© Lynn M. Stone: página titular, páginas 4, 10, 12, 13, 17, 18;
© Joseph Antos: tapa, página 7; © Jerry Hennen: páginas 8, 15, 21

Library of Congress Cataloging in Publication Data
[Electricidad. Español.]
Cooper, Jason, 1942-
Electricidad / por Jason Cooper. Versión en español de Aída E.
Marcuse
p.   cm. — (Secretos de la ciencia)
Incluye índices.
Resumen: Da una explicación sencilla acerca de la electricidad
natural y artificial, y sobre cómo se genera y utiliza la energía
eléctrica.
ISBN 0-86593-327-8
1. Electricidad—Literatura juvenil. [1. Electricidad. 2. Materiales
en idioma español.] I. Series: Cooper, Jason, 1942-   Secretos de
la ciencia. Español.
QC527.2.C6718 1993
333.79'32—dc20   93-20615
                                             CIP
                                             AC

ÍNDICE

Electricidad 5

La electricidad en la naturaleza 6

Cómo se produce electricidad 9

Cómo es transportada la electricidad 11

El poder de la electricidad 14

Los usos de la electricidad 16

Electricidad portátil 19

Electricidad y seguridad 20

Los pioneros de la electricidad 22

Glosario 23

Índice alfabético 24

ELECTRICIDAD

La electricidad es una clase de **energía.** Solemos pensar que la energía eléctrica siempre está en cables. Pero en verdad, en una forma u otra, hay electricidad todo a nuestro alrededor. Por ejemplo: nuestros cuerpos y otras criaturas vivientes producen electricidad.

Cuando conseguimos controlar la electricidad que nos rodea y la hicimos trabajar para nosotros, cambiamos el mundo.

Electricidad controlada:
una bombilla eléctrica

LA ELECTRICIDAD EN LA NATURALEZA

Los objetos de nuestro mundo están hechos con trocitos invisibles, o **partículas.** Una clase de ellas es el **electrón.** La energía que se crea moviendo electrones—millones y millones de ellos—, es llamada electricidad.

La actividad de los electrones en las nubes de tormenta puede provocar **corrientes** eléctricas y enormes chispazos—que eso son los fulgurantes relámpagos—.

Relámpagos: corrientes eléctricas que cruzan el cielo

CÓMO SE PRODUCE ELECTRICIDAD

Hay gente que crea electricidad en estaciones de producción de energía eléctrica. Unas máquinas, llamadas **generadores,** convierten en electricidad otras formas de energía, como el carbón, el agua que cae, el viento, gas, petróleo o energía atómica.

El generador fuerza a los electrones a introducirse dentro de cables, en una corriente de electricidad que fluye. Esos cables se llaman **conductores,** porque llevan, o conducen, la corriente eléctrica.

Una planta nuclear productora de electricidad

CÓMO ES TRANSPORTADA LA ELECTRICIDAD

La corriente eléctrica viaja por los conductores hasta las casas, fábricas y otros sitios y penetra en tu casa en cables de metal, generalmente de cobre o aluminio. El metal es un buen conductor de la electricidad.

La corriente eléctrica se parece bastante al agua que corre de una manguera. Cuando cierras el pitón de la manguera, la corriente deja de fluir. Tú controlas el flujo de la corriente eléctrica con los interruptores que sirven para ponerla en marcha o detenerla.

Las líneas de energía eléctrica son sustentadas por torres

La pantalla de radar funciona con electricidad

Los cochecitos del teleférico usan energía eléctrica

EL PODER DE LA ELECTRICIDAD

Un relámpago, salvaje como el viento, zigzaguea en el cielo. Puede descargarse en el suelo, o no. Es como una serpiente de cascabel libre y enojada. Incontrolado, su poder eléctrico es enorme. ¡Y una línea de alta tensión rota puede convertir el suelo en vidrio!

La electricidad producida para nuestro uso en estaciones eléctricas es puesta bajo control al forzársela a fluir por cables. Pero, como un relámpago, produce calor, energía y luz.

Una línea eléctrica rota convirtiendo el suelo en vidrio

LOS USOS DE LA ELECTRICIDAD

Consumimos energía eléctrica en nuestras casas, escuelas, negocios, hospitales y laboratorios científicos. La electricidad calienta nuestros alimentos, alumbra nuestros edificios y acciona muchas de nuestras máquinas.

La electricidad ha permitido que los países del mundo parezcan estar más cercanos, al mejorar y hacer más veloces los medios de comunicación. Los teléfonos, televisores y otros instrumentos de comunicación funcionan con electricidad.

Un tren diesel eléctrico

ELECTRICIDAD PORTÁTIL

Los cables conducen la electricidad desde las estaciones productoras de energía hasta las casas y fábricas. Pero, ¿cómo obtiene electricidad la gente cuando no está en casa o trabajando? La consiguen gracias a una forma de electricidad "portátil"—la **batería**—.

Las baterías son envases llenos de productos químicos y metal. La reacción que se produce entre el metal y los productos químicos genera electricidad.

Las baterías permiten operar cámaras fotográficas y de cine, trenes, radios, juguetes y muchas otras cosas.

Las baterías: electricidad portátil

ELECTRICIDAD Y SEGURIDAD

La electricidad puede ser una amiga poderosa—o una enemiga temible—.

Una sacudida eléctrica puede herir y hasta matar a quien la recibe.

Las señales que dicen "Alto voltaje" significan que cerca de allí pasan fuertes corrientes eléctricas, y por lo tanto, conviene mantenerse lejos. También hay que mantenerse a distancia de los relámpagos. Durante las tormentas, es mejor estar en un edificio o dentro de un coche de techo rígido.

Además—cuando tengas las manos o los pies mojados, no toques ningún aparato eléctrico—.

Trabajadores reparando una línea eléctrica dañada

LOS PIONEROS DE LA ELECTRICIDAD

Los científicos empezaron a experimentar con la electricidad en el siglo diez y ocho. En 1752, Benjamín Franklin usó una cometa para probar que los relámpagos eran en realidad electricidad.

Pero hace apenas cien años que se empezó a controlar y utilizar la energía eléctrica. En 1882, Thomas Edison, un inventor, creó una pequeña compañía de electricidad en New York con el fin de venderles luz eléctrica a sus 400 clientes.

Glosario

batería (ba-te-rí a) — una mezcla de metal y productos químicos que produce electricidad en cierto tipo de envase

conductor (con-duc-tor) — aquello que puede llevar, o conducir algo, como un cable de cobre conduce electricidad

corriente (co-rrien-te) — el fluir o pasar de alguna cosa, como el flujo de electrones

electrón — uno de los trocitos invisibles, o partículas, de que están hechas todas las cosas

energía (e-ner-gía) — habilidad o poder para hacer algo

generador (ge-ne-ra-dor) — máquina que hace o produce energía eléctrica

partículas (par-tí-cu-las) — pequeños y a veces invisibles trocitos de materia, como los electrones

ÍNDICE ALFABÉTICO

baterías   19
cables de alta tensión   14
calor   14
comunicaciones   16
conductores   9, 11
Edison, Thomas   22
electricidad:
    control de la   5, 11, 14, 22
    corriente eléctrica   6, 9, 11
    poder de la   5, 14
    seguridad   20
    usos de la   16, 19

electrones   6
energía   5, 9
Franklin, Benjamín   22
generador   9
luz   14
luz eléctrica   16, 22
productos químicos   19
relámpagos   6, 14, 20, 22
sacudida eléctrica   20